GRAND

ALPHABET

FRANÇAIS,

DIVISÉ PAR SYLLABES,

POUR INSTRUIRE LA JEUNESSE.

Nouvelle édition.

LOUVIERS,
Chez Ld PRÉVOST, libraire, papetier et relieur, rues du
Neubourg, 19, et du Matrey, 52.

1849.

O Crux, ave, spes unica !
Hoc passionis tempore;
Auge piis justitiam,
Reisque dona veniam.

✳ A a b c d
e f g h i j k
l m n o p q
r s t u v x
y z æ œ ff fl
ffl fi ffi w.

❋ A a b c d e f g h i j k l m n o
❋ p q r s t u v x y z æ œ fi fl ffi ffl
ë ï ü ć à è ì ò ù â ê î ô û ÿ ŷ * § ( )
- ' , ; ? ! : . 1 2 3 4 5 6 7 8 9 0.

❋ A B C D E F G H I J K L M N
❋ O P Q R S T U V X Y Z Æ OE Ç
W.

❋ A c f d s p e a q p s h i m t o
❋ n r k u l b x v y j g z.

A	e	i	o	u
ba	be	bi	bo	bu
ca	ce	ci	co	cu
da	de	di	do	du
fa	fe	fi	fo	fu
ga	ge	gi	go	gu
ha	he	hi	ho	hu
ja	je	ji	jo	ju
Ia	le	li	lo	lu

ma	me	mi	mo	mu
na	ne	ni	no	nu
pa	pe	pi	po	pu
qua	que	qui	quo	quu
ra	re	ri	ro	ru
sa	se	si	so	su
ta	te	ti	to	tu
va	ve	vi	vo	vu
xa	xe	xi	xo	xu
za	za	zi	zo	zu
bla	ble	bli	blo	blu
bra	bre	bri	bro	bru
cla	cle	cli	clo	clu
cra	cre	cri	cro	cru
dla	dle	dli	dlo	dlu
dra	dre	dri	dro	dru
fla	fle	fli	flo	flu
fra	fre	fri	fro	fru
gla	gle	gli	glo	glu
gra	gre	gri	gro	gru
pha	phe	phi	pho	phu

phra	phre	phri	phro	phru
pla	ple	pli	plo	plu
pra	pre	pri	pro	pru
tla	tle	tli	tlo	tlu
tra	tre	tri	tro	tru
vla	vle	vli	vlo	vlu
vra	vre	vri	vro	vru

L'ORAISON DOMINICALE.

No tre Pè re, qui ê tes aux Ci eux ; que vo tre nom soit sanc ti fi é. Que vo tre rè gne ar ri ve : Que vo tre vo lon té soit fai te en la ter re com me au Ci el : Donnez-nous au jour d'hui no tre pain quo ti di en : Et nous par don nez nos of fen ses, com me nous par don nons à ceux qui nous ont of fen sés. Et ne nous in dui sez pas en ten ta tion ; mais dé li vrez-nous du mal. Ain si soit-il.

La Salutation Angelique.

Je vous sa lue, Ma rie, plei ne de grâ ces, le Sei gneur est avec vous : Vous ê tes bé nie en tre tou tes les fem mes ; et Jé sus le fruit de vos en trailles est bé ni.

Sain te Ma rie, Mè re de Di eu, pri ez pour nous, pau vres pé cheurs, main te nant et à l'heu re de no tre mort. Ain si soit-il.

Le Symbole des Apôtres.

Je crois en Di eu, le Pè re tout-puis sant, Cré a teur du Ci el et de la Ter re. Et en Jé sus-Christ, son Fils u ni que, no tre Sei gneur qui a é té con çu du Saint-Es prit ; est né de la Vi er ge Ma rie ; a souf fert sous Pon ce-Pi la te ; a é té cru ci fi é, est mort, a é té en se ve li : est des cen du aux en fers, et le troi sième jour est res sus ci té des morts : est mon té aux Ci eux, est as sis à la droite de Di eu le Pè re tout-puissant, d'où il viendra juger les vivants et les morts.

Je crois au Saint-Esprit, à la sainte Église catholique, la communion des Saints, la rémission des péchés, la résurrection de la chair, la vie éternelle. Ainsi soit-il.

La Confession des péchés.

Je me confesse à Dieu tout-puissant, à la bienheureuse Marie toujours Vierge, à saint Michel Archange, à saint Jean-Baptiste, aux Apôtres saint Pierre et saint Paul, à tous les Saints; parce que j'ai beaucoup péché par pensées, par paroles, par actions et par omissions; j'ai péché par ma faute, par ma faute, par ma très-grande faute; c'est pourquoi je supplie la bienheureuse Marie, toujours Vierge, saint Michel Archange, saint Jean-Baptiste, les Apôtres saint Pierre et saint Paul, et tous les Saints, de prier pour moi le Seigneur notre Dieu. Ainsi soit-il.

La Bénédiction de la Table.

Bénissez-nous, Seigneur, et que la main de Jésus-Christ bénisse la nourriture que nous allons prendre.

Au nom du Père, et du Fils, et du Saint-Esprit. Ainsi soit-il.

Les Grâces après le Repas.

Nous vous rendons grâces, ô Dieu tout-puissant, qui vivez et régnez dans tous les siècles des siècles. Ainsi soit-il.

Que les âmes des fidèles reposent en paix, par la miséricorde de Dieu. Ainsi soit-il.

Prière qu'on dit le Matin, à Midi et le soir quand l'Angelus sonne.

L'ange du Seigneur apporta la nouvelle à la Vierge Marie : et elle a conçu par l'opération du Saint-Esprit.

Je vous salue, Marie, pleine de grâce, l Seigneur est avec vous; vous êtes bénie entr toutes les femmes, et Jésus, le fruit de vo entrailles est béni.

Sainte Marie, Mère de Dieu, priez pou nous, pauvres pécheurs, maintenant et l'heure de notre mort. Ainsi soit-il.

Je suis la servante du Seigneur, qu'il m soit fait selon votre parole.

Je vous salue, Marie, etc.

Sainte Marie, etc.

Et le verbe s'est fait chair, et il a demeuré parmi nous.

Je vous salue, Marie, etc.

Sainte Marie, etc.

PRIONS.

RÉPANDEZ, s'il vous plaît, Seigneur, votre grâce dans nos âmes, afin qu'ayant connu par la voix de l'Ange, l'Incarnation de Jésus-Christ, votre Fils, nous arrivions, par sa Passion et sa Croix, à la gloire de sa Ré-

surrection. Par le même Jésus-Christ No
Seigneur. Ainsi soit-il.

LES SEPT PSAUMES
DE LA PÉNITENCE.

Domine, ne in furore, etc. Ps. 6.

Seigneur, ne me reprenez pas dans vo
fureur, et ne me châtiez pas dans vo
colère.

Ayez pitié de moi, Seigneur, car je s
faible ; guérissez-moi, Seigneur, car mes
sont ébranlés.

Mon âme est toute dans le trouble ; m
vous, Seigneur, jusques à quand tarder
vous à me secourir ?

Seigneur, tournez-vous vers moi ; délivr
mon âme ; sauvez-moi par votre miséi
corde ;

Car on ne se souvient point de vous da
la mort, et qui publiera vos louanges, da
les enfers ?

Je me suis tourmenté à force de gémir; je baigne mon lit toutes les nuits, et j'arros ma couche de mes larmes.

Mon œil a été troublé de fureur; j'ai vieilli au milieu de tous mes ennemis.

Retirez-vous loin de moi, vous tous qu' commettez l'iniquité; car le Seigneur a exau cé la voix de mes pleurs.

Le Seigneur a exaucé ma prière; le Sei gneur a reçu mon oraison.

Que tous mes ennemis en rougissent d' honte et soient saisis d'étonnement; qu'il s'en retournent promptement; et qu'il soient couverts de confusion.

Gloire au Père, et au Fils, et au Saint-Es prit.

Et qu'elle soit telle aujourd'hui et tou- jours, et dans les siècles des siècles, qu'ell a été dans le commencement et dans tout l'éternité. Ainsi soit-il.

Beati quorum, etc. Ps. 31.

Heureux celui à qui les iniquités sont pardonnées, et de qui les péchés sont couverts.

Heureux celui à qui le Seigneur n'impute point ses offenses, et dont l'esprit est sans déguisement,

Parce que je me suis tû, la corruption s'est ensevelie dans mes os, me faisant crier tout le long du jour ;

Car votre main s'est appesantie sur moi, durant le jour et la nuit ; je me suis converti dans ma douleur, lorsque j'ai été percé d'une épine.

Je vous ai avoué mon péché, et je n'ai point tenu mon iniquité secrète.

J'ai dit : Je confesserai moi-même mon iniquité au Seigneur, et vous m'avez remis l'iniquité de mon péché.

C'est ce qui portera tous les Justes à vous

adresser leurs prières au temps propre pour trouver miséricorde.

Et certes, quelque violents que soient le déluge et le débordement des grandes eaux, ils ne pourront jamais atteindre jusqu'à eux.

Vous êtes mon refuge et mon asile contre les maux qui m'environnent; ô mon Dieu! vous êtes ma joie, délivrez-moi de mes ennemis qui m'assiègent de toutes parts.

Je vous donnerai un esprit clair-voyant : je vous enseignerai le chemin que vous devez tenir, et j'aurai sans cesse l'œil sur vous pour vous conduire.

Ne ressemblez point au cheval et au mulet qui n'ont point d'entendement.

Il leur faut serrer la bouche avec le mors et la bride, autrement ils ne vous obéiront pas.

Plusieurs malédictions se répandront su les pécheurs; mais la miséricorde sera l partage de ceux qui espèrent au Seigneur.

Réjouissez-vous, Justes, dans le Seigneur, et tressaillez d'allégresse ; célébrez ses louanges, vous tous qui avez le cœur droit.

Gloire au Père, etc.

Domine ne in furore. Ps. 37.

SEIGNEUR, ne me reprenez pas dans votre fureur, et ne me châtiez pas dans votre colère ;

Car vos flèches m'ont percé de toutes parts ; c'est vous qui avez appesanti votre main sur moi.

Il n'y a rien de sain dans ma chair à la vue de votre colère ; il n'y a point de paix dans mes os à la vue de mes péchés.

Mes iniquités se sont élevées par dessus ma tête ; elles m'ont accablé comme un fardeau très-pesant.

La corruption et la pourriture se sont mises dans mes cicatrices, à cause de ma folie.

Je suis devenu misérable, je suis continuellement courbé ; je marche tout le jour avec un visage triste et défiguré.

Mes reins sont remplis d'illusion ; et je n'ai plus aucune partie saine dans mon corps.

J'ai été affligé et humilié jusque dans l'excès ; je jettais des rugissements par le gémissement de mon cœur.

Seigneur, vous connaissez tout mon désir ; et mon gémissement ne vous est point caché.

Mon cœur est agité de troubles et d'inquiétudes ; ma force me quitte, mes yeux m'abandonnent ; mes yeux même ont perdu leur clarté et leur lumière.

Mes ennemis et mes proches se sont élevés contre moi.

Ceux qui étaient auprès de moi, s'en sont éloignés, et ceux qui cherchaient mon âme, me faisaient violence.

Ceux qui cherchaient à me faire du mal,

ont tenu de vains discours, et méditaient, pendant tout le jour, des tromperies et des artifices.

Mais moi, je ne les écoutais non plus qu'un sourd, et je n'ouvrais non plus la bouche qu'un muet

Je suis devenu comme un homme qui n'a point d'oreilles, et qui n'a point dans sa bouche de réparties à faire ;

Car j'ai espéré en vous, Seigneur ; Seigneur, mon Dieu, vous m'exaucerez ;

Car je vous ai dit : Que mes ennemis ne se réjouissent point de moi ; ils ont déjà parlé avec orgueil contre moi, lorsque mes pieds s'ébranlaient.

Puisque je suis prêt de souffrir toutes les misères et toutes les infortunes qu'il vous plaira de m'envoyer, et que mon péché, qui cause ma douleur, est toujours présent devant mes yeux,

Je confesserai mon iniquité, et j'aurai toujours mon péché dans ma pensée.

Cependant, mes ennemis sont vivants, et se sont fortifiés contre moi : ceux qui me haïssent injustement, se sont multipliés.

Ceux qui me rendent le mal pour le bien, médisent de moi, à cause que je fais profession de vertu et de piété.

Seigneur, ne m'abandonnez point ; mon Dieu, ne vous éloignez pas de moi.

Hâtez-vous de me venir secourir, puisque c'est de vous que j'attends et espère mon salut.

Gloire soit au Père, etc.

Miserere mei Deus, etc. Ps. 50.

Ayez pitié de moi, mon Dieu, selon la grandeur de votre miséricorde ;

Et effacez mon iniquité, selon la multitude de vos bontés.

Lavez de plus en plus mon péché et purifiez-moi de mes offenses ;

Car je reconnais mon iniquité, et mon crime est toujours contre moi.

J'ai péché contre vous seul, j'ai fait le mal devant vos yeux, pardonnez-moi, Seigneur, afin que vous soyez trouvé fidèle dans vos promesses et irréprochable dans vos jugements.

Vous savez que j'ai été engendré dans l'iniquité, et que ma mère m'a conçu dans le péché.

Je sais que vous aimez la vérité; vous m'avez découvert les choses incertaines et les secrets de votre sagesse.

Vous me purifierez avec l'hysope, et je serai net; vous me laverez, et je serai plus blanc que la neige.

Vous me ferez entendre une parole de joie et de consolation; et mes os humiliés tressailleront de joie.

Détournez vos yeux de mes offenses, et daignez effacer toutes mes iniquités.

O mon Dieu! créez en moi un cœur pur et net, et renouvelez l'esprit de droiture et de vertu au fond de mon âme.

Ne me rejetez pas de devant vos yeux, et ne retirez pas de moi votre Saint-Esprit.

Rendez-moi la joie de votre assistance salutaire, et fortifiez-moi par votre esprit souverain.

J'enseignerai vos voies aux méchants, et les impies se convertiront à vous.

O Dieu! ô Dieu de mon salut! délivrez-moi des actions du sang, et ma langue publiera hautement votre justice.

Seigneur, ouvrez mes lèvres, et ma bouche annoncera vos louanges.

Si vous eussiez voulu des sacrifices, je vous en eusse offert; mais les holaucostes ne vous sont pas agréables.

Le sacrifice que vous demandez, est un esprit abattu de douleurs; ô Dieu! vous ne npriserez pas un cœur contri et humilié.

Seigneur, répandez vos bénédictions et vos grâces sur Sion, et bâtissez les murs de Jérusalem.

Vous aimerez alors les offrandes et les holocaustes; alors on vous offrira des victimes sur votre autel.

Gloire soit au Père, etc.

Domine exaudi, etc. Ps. 101.

Seigneur, écoutez ma prière, et que mes cris s'élèvent jusqu'à vous.

Ne détournez pas votre face de moi; en quelque jour que je sois dans l'affliction, prêtez l'oreille à ma voix; en quelque jour que je vous invoque, hâtez-vous de m'exaucer;

Car mes jours se sont évanouis comme la fumée, et mes os se sont séchés comme le foyer.

Mon cœur est devenu sec comme l'herbe qui est frappée et fanée par l'ardeur du soleil, parce que j'ai oublié de manger mon pain.

Mes os tiennent à ma peau, à force de gémir et de crier.

Je suis devenu semblable au pélican des déserts et au hibou qui fait sa retraite dans les lieux solitaires et ruinés.

Je passe les nuits sans dormir, et je suis comme le passereau qui est tout seul sur le toit des maisons.

Mes ennemis me couvraient d'opprobres durant tout le jour; et ceux qui me louent, faisaient des conspirations contre moi;

Parce que je mangeais la cendre comme le pain, et que je mêlais mon breuvage dans mes larmes;

A cause de votre indignation et de votre colère, parce qu'en m'élevant en haut, vous m'avez brisé.

Mes jours se sont évanouis comme l'ombre, et je suis devenu sec comme l'herbe.

Mais vous, Seigneur, vous demeurerez éternellement ; et la mémoire de votre nom passera de génération en génération dans tous les âges.

Vous vous lèverez, et vous aurez pitié de Sion, puisque le temps d'avoir pitié d'elle, le temps que vous avez destiné, est venu.

Puisque ses pierres et ses ruines sont encore chères à vos serviteurs, et qu'ils en aiment même la poussière.

Les nations redouteront votre nom, Seigneur, et tous les rois de la terre, votre gloire.

Lorsque le Seigneur aura rebâti Sion, et qu'il se sera fait voir dans sa gloire et sa majesté,

Il tournera ses regards sur la prière des humbles, et ne méprisera point leurs demandes.

Que ses merveilles soient écrites pour les siècles à venir, et le peuple qui sera créé, louera le Seigneur ;

Parce qu'il l'a regardé du haut de son sanctuaire; le Seigneur a jeté les yeux du ciel sur la terre,

Pour écouter les gémissements des captifs,

et pour tirer des liens les enfants de ceux qui ont été tués;

Afin qu'ils célèbrent le nom du Seigneur dans Sion, et publient ses louanges dans Jérusalem.

Lorsque les peuples et les rois se joindront ensemble pour servir le Seigneur,

Il lui a dit au milieu de sa force : Faites-moi savoir la brièveté de ma vie.

Ne me retirez pas au milieu de mes jours; vos années dureront dans la suite de tous les âges.

Seigneur, dès le commencement, vous avez fondé la terre; les cieux sont l'ouvrage de vos mains;

Ils périront, mais vous, vous demeurerez; ils vieilliront tous comme un vêtement;

Et lorsque vous voudrez les changer comme un manteau, ils seront changés; mais pour vous, vous êtes toujours le même, et vos années ne finiront point.

Les enfants des serviteurs habiteront la terre et leur postérité sera éternellement heureuse.

Gloire soit au Père, etc.

De profundis clamavi, etc. Ps. 129.

SEIGNEUR, je me suis écrié du profond abîme de mes ennuis : Seigneur, écoutez ma voix.

Rendez vos oreilles attentives aux tristes accents de mes plaintes.

Seigneur, si vous examinez de près nos offenses, qui est-ce qui pourra soutenir les efforts de votre colère?

Mais la clémence et le pardon se trouvent chez vous; et à cause de votre loi, je vous crains, j'attends l'effet de vos promesses.

Je l'attends avec grand désir, et me confie en ces paroles : mon âme attend le Seigneur.

Depuis la sentinelle assise dès l'aube du jour jusqu'à celle de la nuit, Israël met son attente au Seigneur;

Car le Seigneur est plein de miséricorde, et il a une abondance de grâces pour nous racheter;

Et c'est lui-même qui rachètera Israël, et qui le délivrera de tous ses péchés.

Gloire soit au Père, etc.

Domine exaudi, etc, Ps. 142.

Seigneur, écoutez ma prière, entendez mon humble demande, selon votre vérité; exaucez-moi selon votre justice.

N'entrez point en jugement avec votre serviteur, parce que nul homme vivant ne pourra se justifier devant vous.

L'ennemi a persécuté mon âme; il a humilié ma vie jusqu'en terre.

Il m'a contraint de me cacher en des lieux obscurs, comme si j'étais mort au monde; mon esprit a été saisi de tristesse; mon cœur s'est troublé en moi-même.

Je me suis souvenu des siècles passés; j'ai repassé dans mon esprit toutes vos merveilles, et j'ai médité sur l'ouvrage de vos mains.

J'ai élevé mes mains vers vous, mon âme est devant vous comme une terre sèche et sans eau.

Seigneur! hâtez-vous de m'exaucer; mon esprit tombe dans la défaillance.

Ne détournez point votre visage de moi, car si vous le faites, je serai semblable à ceux qui descendent dans l'abîme.

Faites-moi entendre dès le matin la voix

de votre miséricorde, parce que j'ai mis en vous mon espérance.

Faites-moi connaître la voie par laquelle je dois marcher, puisque j'ai élevé mon âme vers vous.

Seigneur délivrez-moi de mes ennemis, j'ai recours à vous; enseignez-moi à faire votre volonté, car vous êtes mon Dieu.

Votre bon esprit me conduira dans une terre et dans un chemin droit pour la gloire de votre justice.

Vous retirez mon ame de l'affliction; et par votre miséricorde, vous perdrez mes ennemis.

Vous perdrez tous ceux qui affligent mon âme, parce que je suis votre serviteur.

Gloire soit au Père, etc.

Antienne. Seigneur, ne vous ressouvenez point de nos fautes ni de celles de nos proches et ne tirez point vengeance de nos péchés.

LITANIES DES SAINTS.

Seigneur, ayez pitié de nous.
Christ, ayez pitié de nous.
Seigneur, ayez pitié de nous.
Christ, écoutez-nous. Christ, exaucez-nous.
Père céleste, qui êtes Dieu, ayez pitié de nous.
Fils, Rédempteur du monde, qui êtes Dieu, ayez pitié de nous.
Esprit Saint, qui êtes Dieu, ayez pitié de nous.
Trinité Sainte, qui êtes un seul Dieu, ayez pitié de nous.
Sainte Marie, priez pour nous.
Sainte Mère de Dieu, priez pour nous.
Sainte Vierge des Vierges, priez pour nous.
Saint Michel, priez pour nous.
Saint Gabriel, priez pour nous.
Saint Raphaël, priez pour nous.
Tous les Saints, Anges et Archanges, priez.
Tous les SS. Ordres des Esprits bienheureux, priez pour nous.
Saint Jean-Baptiste, priez pour nous.
Tous les Saints Patriarches et Prophètes,
Saint Pierre,
Saint Paul,
Saint André,
Saint Jacques *(Zeb.)*,
Saint Jean,   Priez pour nous.

Saint Thomas,
 aint Jacques,
Saint Philippe,
Saint Barthélemi,
Saint Mathieu,
Saint Simon,
Saint Thadée,
Saint Mathias,
Saint Barnabé,
Saint Luc,
Saint Marc,
Tous les Saints Apôtres et Evangélistes,
Tous les Saints Disciples du Seigneur,
Tous les Saints Innocents, priez pour nous.
Saint Laurent,
Saint Etienne,
Saint Denis,
Saint Piat,
Saint Chéron, priez pour nous.
Saint Saturnin,
Saint Sébastien,
Saint Savinien et Saint Potentien,
Tous les Saints Martyrs,
Saint Sylvestre,
Saint Grégoire,
Saint Ambroise,
Saint Augustin,
Saint Jérôme,

Priez pour nous.

Priez pour nous.

Saint Martin,
Saint Nicolas,
Saint Taurin,
Tous les Saints Pontifes et Confesseurs,
Saint Antoine,
Saint Benoît,
Saint Dominique,
Saint François,
Saint Gilles,
Tous les Saints Patriarches et Lévites.
Tous les Saints Moines et Solitaires,
Sainte Anne,
Sainte Marie-Madeleine,
Sainte Catherine,
Sainte-Barbe,
Sainte Foy,
Toutes les Saintes Vierges et Veuves.

Priez pour nous.

O vous, Saints et Saintes de Dieu, intercédez pour nous.
O Dieu, soyez-nous propice, pardonnez-nous S.
Soyez-nous favorable, exaucez-nous, Seigneur.
De tout mal, délivrez-nous, Seigneur.
De tous péchés, délivrez-nous, Seigneur.
De toute colère, délivrez-nous, Seigneur.
De la mort subite et imprévue, délivrez-nous, S.
Des embûches du démon, délivrez-nous, Seign.
De la colère, de la haine et de toutes mauvaises volontés, délivrez-nous, Seigneur.

De l'esprit de fornication, délivrez-nous, Seign.
Des feux et des tempêtes, délivrez-nous, Seign.
De la mort éternelle, délivrez-nous, Seigneur.
Par le mystère de votre Incarnation sainte, dél.
Par votre avènement, délivrez-nous, Seigneur.
Par votre Naissance, délivrez-nous, Seigneur.
Par votre Baptême et votre saint jeûne, délivrez
  nous Seigneur.
Par votre Croix et votre Passion, délivrez-nous.
Par votre mort et Sépulture, délivrez-nous, S.
Par votre sainte Résurection, délivrez-nous, S.
Par votre Ascension admirable, délivrez-nous.
Par l'avénement de votre Saint-Esprit consola-
  teur, délivrez-nous, Seigneur.
Au jour du jugement, délivrez-nous.
Pécheurs que nous sommes, écoutez-nous, s'il
  vous plaît.
Nous vous prions de nous pardonner, exaucez-
  nous, s'il vous plaît.
Nous vous prions de nous conduire à une véri-
  table pénitence, exaucez-nous, s'il vous plaît.
Nous vous prions de gouverner et de conserver
  votre sainte Eglise, exaucez-nous, Seigneur.
Nous vous prions de maintenir dans votre sainte
  Religion tous les Ordres de la Hiérarchie Ec-
  clésiastique, exaucez-nous.
Nous vous prions d'appaiser les ennemis de la
  sainte Eglise, exaucez-nous, s'il vous plaît.

Nous vous prions d'étabir une paix et une concorde véritable entre les Rois et les Princes chrétiens, exaucez-nous, s'il vous plaît.
Nous vous prions d'accorder une paix et unité de foi et de charité à tout le peuple chrétien, exaucez-nous, s'il vous plaît.
Nous vous prions de nous fortifier et maintenir dans la sainteté de votre service, exaucez-n.
Nous vous prions d'élever nos esprits vers vous, par des désirs spirituels et célestes, exaucez.
Nous vous prions de récompenser tous nos bienfaiteurs, en leur donnant les biens éternels, exaucez-nous, s'il vous plaît.
Nous vous prions de nous donner et de nous conserver les fruits de la terre, exaucez-nous.
Nous vous prions d'accorder le repos éternel à tous les fidèles qui sont morts, exaucez-nous.
Nous vous prions d'exaucer nos vœux, ex.
O Fils de Dieu, exaucez-nous, s'il vous plaît.
Agneau de Dieu, qui effacez les péchés du monde, pardonnez-nous, Seigneur.
Agneau de Dieu, qui effacez les péchés du monde, ayez pitié de nous.
Christ, écoutez-nous. Christ, exaucez-nous.

Notre Père, etc.

℣. Et ne permettez pas que nous succombions en tentation.

℟. Mais délivrez-nous du mal.
Ainsi soit-il.

ORAISON.

Pour demander le pardon de ses péchés.

Dieu qui par un excès de bonté qui vous est propre, êtes toujours prêt de faire grâce et de pardonner, recevez favorablement notre prière. Faites, s'il vous plaît, que les chaînes invisibles du péché qui lient nos âmes et celles de os autres serviteurs, soient enfin rompues par a puissance de votre miséricorde infinie.

ORAISON.

O Dieu, que les péchés offensent et que la pénitence appaise, écoutez favorablement les rières de votre peuple, qui est prosterné devant vous, détournez de dessus nos têtes les fléaux de votre colère que nous avons attirés sur nous par le grand nombre de nos offenses.

ORAISON.

Pour Notre Saint Père le Pape.

Dieu Tout-Puissant et éternel, ayez pitié de notre Saint-Père le Pape N., et conduisez-le par votre bonté, dans la voie du salut éternel, en lui faisant vouloir, par le don de votre grâce, ce qui vous est agréable et le lui faisant accomplir de toutes ses forces.

ORAISON.
Pour les Vivants et pour les Morts.

Dieu Tout-Puissant et éternel, qui êtes le souverain maître des Vivants et des Morts, qui faites miséricorde à tous ceux que vous connaissez devoir être du nombre de vos élus par la Foi et leurs bonnes œuvres, nous vous supplions avec une humilité profonde, que ceux pour qui nous vous offrons des prières, soit qu'ils soient encore en ce monde environnés d'une chair mortelle, ou dépouillés de leur corps, ils soient passés dans une autre vie, obtiennent de votre bonté, par l'intercession de tous vos Saints, la rémission de leurs péchés. Par notre Seigneur Jésus-Christ, votre Fils.

Que le Seigneur Tout-Puissant et tout miséricordieux nous exauce. Ainsi soit-il.

Et que les âmes des fidèles reposent en paix, par la miséricorde de Dieu.

Les Commandements de Dieu.

Un seul Dieu tu adoreras
 Et aimeras parfaitement.
Dieu en vain tu ne jureras,
Ni autre chose pareillement.
 Les dimanches tu garderas,
En servant Dieu dévotement.
 Tes père et mère honoreras,
Afin de vivre longuement.
 Homicide point ne seras,
De fait ni volontairement.
 Luxurieux point ne seras,
De corps ni de consentement.
 Le bien d'autrui tu ne prendras,
Ni ne retiendras à ton escient.
 Faux témoignage ne diras,
Ni mentiras aucunement.
 L'œuvre de chair ne désireras,
Qu'en mariage seulement.
 Biens d'autrui ne convoiteras,
Pour les avoir injustement.

Les Commandements de l'Eglise

Les Fêtes tu sanctifieras,
 Qui te sont de commandement.
 Les dimanches Messe ouïras,

Et les fêtes pareillement.
 Tous tes péchés confesseras,
A tout le moins une fois l'an.
 Ton Créateur tu recevras,
Au moins à Pâques humblement.
 Quatre-temps vigile, jeûneras,
Et le carême entièrement.
 Vendredi chair ne mangeras,
Ni le samedi mêmement.

Louviers. — Imp. de Ch. Achaintre.

www.ingramcontent.com/pod-product-compliance
Lightning Source LLC
Chambersburg PA
CBHW070442080426
42451CB00025B/1262